OOIEVAARSBLUES

Ooievaarsblues is een uitgave van Stichting Collectieve Propaganda van het Nederlandse Boek ter gelegenheid van de Boekenweek 2024.

BART CHABOT

Ooievaarsblues

GEDICHTEN

Stichting Collectieve
Propaganda van het
Nederlandse Boek

Uitgave Stichting CPNB
Redactie Uitgeverij De Bezige Bij
Omslag Anton Corbijn
Typografie DPS
Foto auteur © Anton Corbijn
Vormgeving binnenwerk Aard Bakker
Druk CPI Books GmbH

ISBN 978 90 5965 669 7
NUR 306

debezigebij.nl
boekenweek.nl

Boekenweek
Boekenweek
boekenweeknl

#eenboekkanzoveeldoen

FSC
www.fsc.org
MIX
Papier | Ondersteunt verantwoord bosbeheer
FSC® C083411

vanochtend, in alle vroegte
(de meeste vogels sliepen nog
en op straat geen greintje
bedrijvigheid)
constateerde ik bij het wakker worden
dat de lucht ónder
de blauwe plekken zat

van de dader(s)
ontbreekt elk spoor

'BLESSURELEED', 2007

INHOUD

OP SCHEVENINGEN

we liepen aan zee
mijn vader, mijn moeder en ik
zomer 1958
ik was vier

'de wind wast
mijn haren schoon,'
schijn ik te hebben gezegd

'godallemachtig,' riep mijn vader uit
hij keek mijn moeder aan
'het zal toch geen dichter
wezen, hè?'

DE VEREFFENING

ik had mijn vader ruim een kwarteeuw niet gezien
laat staan gesproken; weldra zou hij sterven
daarom zocht ik hem op in het verpleeghuis
hij woonde bij me in de buurt
zo'n opgave was een bezoekje niet, qua afstand

hij was dement, was me verteld, sprak wartaal
en herkende niets en niemand
ik moest vooral nergens op rekenen,
dan viel het alleen maar mee
maar toen ik de zaal inliep
herkende hij me meteen

het was vier dagen na kerst
het nieuwe jaar stond in vol ornaat op de drempel
en ik kampte met goeie voornemens
misschien speelde dat onbewust mee bij mijn komst
hij zat in een rolstoel

‘dag pap,’ zei ik
en legde een hand op zijn schouder
ik voelde zijn sleutelbeen: een dun teer
broos stukje bot
dat zich eenvoudig verpulveren liet
hij was geen partij voor me;
de rollen waren omgedraaid –
hij keek naar me op en begon te huilen

‘dag pap,’ herhaalde ik
hij keek naar de handen in zijn loze schoot
en begon harder te huilen, mijn vader
er was iets misgegaan, besefte hij, ergens onderweg
iets wat niet meer te repareren viel

door zijn tranen heen staarde hij me hulpeloos aan
met hulpeloze ogen
ja, er was iets misgegaan, drong het tot hem door,
maar wat, en hoe, en waar en wanneer?
‘dag pap’
meer viel er niet te zeggen

buiten werd het donker, de bomen liepen dicht
ik moest maar eens op huis aan,
en dat vertelde ik hem ook
maar ik geloof niet dat de boodschap
tot hem doordrong
voor het raam zwaaide een twijg
me namens hem alvast uit
'dag pap'

alles bij elkaar duurde mijn bezoek nog geen half uur
ik wist dat we elkaar niet meer zouden zien
en dat hoefde ook niet:
het onzegbare was gezegd, het verzwegene verzwegen

ik liet hem achter bij de andere stakkerds in de zaal
die vastgebonden zaten
zodat ze niet uit hun stoel gleden
ze kregen een slabber voor; ze gingen eten
maar zonder helpende hand lukte dat niet
dan liep, gleed en druppelde de soep, jus
of saus van hun kin
hoogste tijd om te gaan: ik hoefde niet alles te weten
sommige zaken liet je beter rusten

bij de drempel keek ik nog één keer om
en zag hem voor het laatst
hij huilde niet want hij kreeg
zijn eten voorgeschoteld
'dag pap'
in de rolstoel zat een wrak

EEN HELE TROOST

‘zeg,
trouwens
hoe is ’t eigenlijk
met je moeder?’

‘mijn moeder?’ zei ik
‘wist je dat dan niet?
o, die is alweer
een paar jaar dood

maar,
we hebben d’r
op video’

DRÔME

het was drie uur 's middags op de veranda
waar we vanmorgen de liefde bedreven
de bergen, door aard en omvang
tot voyeurisme veroordeeld,
die bergen hadden stoïcijns toegezien

het gezin was naar montélimar, op mij na
het huis ademde kalmte
de dorpen in het dal deden een dutje
een auto kuierde de heuvels af
met een bruidssluier van stof achter zich aan
het vee was erbij gaan liggen

de wolken schoven in een file voorbij
en bezwoeren zo het gevaar van een monotoon
    blauw hemeldak
de lucht was nooit af

later die middag dwaalde ik door het bos
en nam op goed geluk een pad naar boven
tot waar de hoogvlakte begon
in de verte lag een weg
die door de romeinen zou zijn aangelegd

ik kon de huizen zien van eyzahut
tot voor kort was één huis nog bewoond
door een boer: van de winter
had hij zich verhangen
wel werd de vuilcontainer
naast de dichtgespijkerde kerk
maandelijks geleegd

een kille bries stak op
de bomen stonden op scherp, pleegden druk overleg
maar wat ze bespraken
was niet voor mijn oren bestemd
en ik volgde het pad omlaag,
zigzaggend tot aan ons huis
ik schaamde me voor de ruimte die ik innam

tegen de avond klonk er getoeter vanaf
de oprijlaan
gevolgd door kinderstemmen en gejoel
een autoportier vloog open
we gingen over tot de orde van de dag

later werd er gekookt, gegeten
deed ik de kinderen in bad, in bed
las ze voor
en bootste zo met succes mijn eigen leven na

AAN DE ZWIER

een boom ging uit wandelen
hij nam eenvoudigweg zijn takken op
en zette er flink de pas in
en hij kwam verder dan wie ook had gedacht,
deze boom, met zijn vollemaansgezicht

hij wandelde de aarde rond
op zijn inktvisvoeten
hij liep en liep en liep
deed alle continenten aan, de wereldsteden
liep over zeeën en door rivieren,
wandelde over bergen en platteland

om geen argwaan te wekken
verplaatste hij zich 's nachts
(voor je het weet word je omgehakt
en eindig je in een of andere open haard)
en toen hij alles had gezien,
   alles
wat er in de wereld te koop is, en wat niet
keerde hij op zijn schreden terug
op een late, late maandagmiddag

zijn plek was vrijgehouden door zijn soortgenoten
hij paste met opvallend gemak in zijn kuil
en zijn tentakels schoven soepel
in hun onderaardse gangen
alles zat ruim; hij was iets afgevallen kennelijk

als gezegd, hij nam zijn plaats in
terug in de gelederen
menig seizoen verstreek; en al was zijn bast bruiner
en bleek hij beduidend zwijgzamer nu
toch was hij meer boom dan ooit:
hij, de onbegrepene
en niet de aantrekkelijkste van het stel

tot hij op een nacht opnieuw aan de rol ging,
toen zijn collega-bomen even niet opletten;
om dit keer niet terug te keren

EEND

disneyland parijs bestaat vijf jaar
er dwarrelt confetti uit de wolken

we zitten aan de lunch in het new york hotel
sebastiaan en ik lopen naar het buffet
ik til het deksel op van een enorme vleesschotel
‘pap,’ vraagt sebas, ‘is dat kip?’
van de damp beslaat mijn bril
‘that’s duck, sir,’ schiet een ober ons te hulp
het tafelzilver hangt plotseling
op eigen kracht in de lucht
‘you mean donald?’ zeg ik,
wijzend op de eendenbout
stilte daalt over de tafels
dan stijgt een lach op uit de ober

sebastiaan kijkt onblij

EN WAT DAN NOG?

opa schoof de gordijnen open
‘die bomen, hè,
daar aan de overkant van de vijver’
zijn vinger wees naar het
  zondagmiddaglandschap
‘die bomen, jongen, dat zijn vrienden van me

kijk, die rechter, dat is een mevrouw
en die drie kleintjes, dat zijn haar dochters
haar man heb ik nooit gezien
maar dat kan aan mij liggen, hoor

isabel, heet ze’
hij wees opnieuw naar de rechterboom
‘isabel, althans zo noem ik haar

ik praat met ze,’ zei opa
‘waarom niet?
goed, ze zeggen dan wel niks terug, de meeste tijd,
maar wat zou dat?
nee, die bomen, dat zijn mijn grote vrienden
die staan altijd voor me klaar, elk uur van de dag’

‘praat je veel met isabel?’ vroeg sebastiaan
‘o, uren,’ antwoordde opa, ‘op weekbasis’
ik glimlachte: al was hij al jaren met pensioen,
hij was en bleef accountant

‘goed, toegegeven, ik praat met bomen
soms droom ik zelfs van haar, van isabel,
en hoe ze op haar zomerst aan me verschijnt
en wat dan nog?
zeg nou zelf, wat zou dat?
daar hoef ik me toch niet voor te schamen?

o, hoe ze erbij staat, isabel
voetjes van de vloer, met haar armen in de lucht
en haar hoofdje schuin

maar ze komt nooit naar beneden,
de helling af en het water over
nee, ze blijft waar ze is,
isabel’

DE DOOD DOOK OP VERMOMD ALS SINTERKLAAS

voor Gerrit Komrij

het was twee december, einde herfst
de bomen hadden niets meer te verliezen
in de winterkilte blies ik twee tekstballonnen
voor me uit die even bleven hangen:
nu de tekst nog

we bevonden ons ten noorden van wassenaarse slag
'we', dat wil zeggen mijn zoontjes
splinter en storm, en ik
we hadden de hele middag lopen dollen
zoetjesaan werd het tijd om op huis aan te gaan
en ik riep de twee, die verderop
aan het voetballen waren

toen zagen we een jeep naderen:
een cameraman leunde ver uit het raam
en filmde sinterklaas
boven de scène hingen lage decemberwolken:
die waren kennelijk als figuranten
bij deze productie betrokken

de landrover zwenkte de strandopgang op,
op de voet gevolgd door de sint en zijn schimmel
alleen de wolken bleven, overeenkomstig
eerdere regieaanwijzingen, keurig op hun post

‘pap?’ vroeg splinter toen
het eerste jongensenthousiasme was bedaard
‘pap, sinterklaas bestaat, hè?’
‘ja,’ zei ik, ‘hoezo?’
‘nou,’ aarzelde splinter, ‘op school zeggen ze…’
‘wat zeggen ze op school, jong?’
‘pap, op school zeggen ze, de grote jongens,
dat sinterklaas helemaal niet bestaat
dat het gewoon een verklede man is,
de meester van groep vier’
storm keek bedremmeld; die had ook zoiets gehoord

'jongens,' zei ik, 'neem van mij aan:
    sinterklaas bestaat
wat dacht je dan?
jullie merkten het net nog:
sinterklaas zie je elk jaar opnieuw
dat kun je van god met goed fatsoen niet zeggen,
of van allah: die luitjes zie je nooit'
'dus pap,' informeerde splinter voor
alle zekerheid, 'jij gelooft ook in sinterklaas?'
'splint,' zei ik, 'de goedheiligman komt
elk jaar weer boven water, dus die is echt'
en we holden vooruit zo hard we konden in de hoop
nog een glimp van de sint op te vangen

we vlogen de strandopgang op
en bereikten hijgend de parkeerplaats
daar stond hij –
maar het was niet de goedheiligman
die ik voor me had

de jeep was weg, evenals cameraploeg en schimmel
wel kwamen de wolken met rasse schreden naderbij
ik huiverde en tastte achter me
naar iets voelbaars van splinter of storm
maar de kleintjes waren verdwenen

de wolken hingen nu pal boven wassenaarse slag
en ik begreep dat hij-die-voor-me-stond
voor mij gekomen was,
en voor niemand anders

ik wandelde met mijn zoontje door het park
    naar de crèche
en leverde kevin af bij duimelot
de kinderwagen liet ik niet achter
dat mocht wel, in de tuin,
en de meeste moeders deden dat
maar ik nam de kinderwagen liever mee naar huis
zo hield ik kevin toch een beetje bij me

ik gaf kevin af,
die niet begon te huilen toen ik hem overdroeg
en wandelde het park in
voor me uit op de oprijlaan
liepen een oudere vrouw en een meisje:
een oma-met-kleindochter waarschijnlijk
de bomen waren goedgeluimd, de vogels idem dito

‘krokusbolletjes, krokusbolletjes
kom maar uit de grond,’ zong het meisje
ijl hing haar stem tussen de takken
alsof die het lentegeluid heel even wilden koesteren
‘oma, wat zullen de kabouters blij zijn
als ze hun tuintjes zien,’ zei het meisje
dat bijna niet anders dan claire of hélène kon heten
‘want de kabouters zitten overal verstopt
in de struiken, hè oma?’

ze bleven bij een houten brug staan
het meisje wilde in het water kijken en eenden zien
de vijver trok diepe rimpels in zijn voorhoofd
toen ik passeerde glimlachte ik claire toe
claire of hélène lachte lief terug
dit nu was niet de bedoeling
althans niet overeenkomstig de wens van claires oma
die me vuil aankeek
alsof ik iets was dat kort tevoren uit een sloot was
opgedregd

toen keek ze naar de kinderwagen
en van de kinderwagen weer naar mij
nee, oma was helemaal niet blij met me
ze nam het kind stevig bij de hand
en gebood het door te lopen
‘nee kindje, doe maar niet
kom maar niet bij die meneer in de buurt,
dat heeft oma liever niet
let maar niet op die meneer’

ik liep stug door en deed alsof ik het niet hoorde
maar om me heen was iets veranderd
de bomen lustten me niet
en mijn schaduw wilde ervandoor
‘dat is een zielige meneer
kom, hou oma’s hand maar goed vast
die meneer die is een beetje in de war
dat is een zielige man
nee, blijf jij maar hier, lieve kind
blijf jij maar veilig bij oma’

KORT BINNENLANDS NIEUWS

van de week had onze tuin veel te lang haar
dat was me al eerder opgevallen
maar opeens had ik er schoon genoeg van
dat gras dat groeit en groeit: het groeit domweg
terwijl je er met je neus bovenop staat
dat doet maar en trekt zich nergens wat van aan
veel te lang was het: zo kon het absoluut niet langer
er moest hoognodig worden ingegrepen
zulke dingen moet je bijhouden

ik stuurde het gras naar mijn kapper
'jongens, wat gaan we doen vandaag?
nou, krijg ik nog antwoord?
papa gaat met jullie naar de kapper!'
daar hadden ze helemaal geen oren naar
ik zag het direct: geen zin

bij mijn kapper aangekomen zei ik:
'kort, maar gedekt
dat is wat de jongens willen
een lekker vlot koppie'
en opgetogen wandelde ik naar huis
'tot zo!'

een uurtje later kwamen ze terug
fris, kortgeknipt
'jongens, wat zijn jullie opgeknapt!
zie je nou wat ik bedoel?
had ik niks gezegd,
was er weer niks van terechtgekomen
en kijk nou eens?
als jullie moeder je straks ziet
wat zál ze blij zijn!'

DE ZAKEN GINGEN WEER EENS VOOR HET MEISJE

'kom je mee naar boven?' riep ze
'ik ben moe en moet morgen weer vroeg op
om naar mijn werk te gaan
ik heb mijn eerste afspraak al om half acht'

'ik kom eraan, momentje,'
riep ik onderaan het trapgat
'ga maar vast, dan kom ik zo
maar ik móet eerst nog een paar sterren repareren
daar kom ik niet onderuit, beloofd is beloofd
niet veel hoor; een stuk of drie

en een planeet die dwarsligt
nee, niets bijzonders, iets met de draaiing van de as
maar laat ik je niet met de details vermoeien
in wezen is het een kwestie van de boel resetten
met een beetje geluk
is het binnen de kortste keren gepiept
en schuif ik zo bij je in bed'

‘ja ja,’ riep ze me na
‘dat zeg je altijd, en daar kan ik het dan mee doen’
of woorden van die strekking
want ik was al onderweg;
en het klusje dat ik had, aangenomen werk,
dat karweitje kon bij nader inzien
best eens aanzienlijk langer duren dan gedacht

THUISFRONT

zo kom je thuis
na de laatste avond, de finale, het slotakkoord;
de tournee is beëindigd, het seizoen zit erop
iedereen keert huiswaarts
als vrienden-voor-het-leven
al besef je terdege dat je elkaar niet meer zult zien –
het applaus is opgebrand

je kinderen lachen je toe, blij dat je er weer bent
maar 's middags gaan ze nog opgewekter
bij hun klasgenootjes spelen
en je vriendin?
je vriendin laat zich niet kennen
iets waarmee je je al in een eerder stadium
had verzoend
tijdens jouw afwezigheid
schiep zij opnieuw haar eigen universum

de radio geeft de waterstanden
van hedenmorgen door
en op tv is het langdurig koffietijd
je krijgt heimwee naar plaatsen als winnipeg
en minnesota, plaatsen die je nooit bezocht
en leeft je leven tussen de regels door

je slentert doelloos over straat
elke kroeg wordt een pleisterplaats
de kinderen zijn naar school of op de crèche
je vriendin is naar haar werk,
een zware bespreking op kantoor
en kan niet telefonisch worden gestoord
dringender zaken slokken eenieders aandacht op
zo voel je je evenzeer van zinloosheid
  doortrokken
als er water in je lichaam zit

ik hou niet van theater
ik hou van echt
probleem is: alleen in het theater ben ik echt
en op de televisie op mijn echtst
daarbuiten kom ik niet tot leven

ten slotte beland ik in een park
in het oostelijk deel van de stad
de bomen hier zijn helemaal boom
en de lucht erboven lijkt volkomen zichzelf
dat is aanzienlijk meer dan ik van mezelf kan zeggen

samengevat luidt de conclusie:
ik ben er meer niet, dan wel
of anders gezegd –
ik ben er wel; maar niet echt

JOYCE

mijn opa was handelaar in brandkasten en kluizen
daarvóór was-ie inbreker
vandaar zijn bloeiende bedrijf:
hij had kennis van de materie

ik nam altijd sigaren voor hem mee
hij had doordeweekse sigaren als hofnar
of elisabeth bas
en weekendsigaren van hajenius uit amsterdam
hij had onwaarschijnlijk mooie handen

maar het fraaiste cadeau dat ik hem ooit gaf
was een dik wollen vest
een jagersvest met suède elleboogstukken
nu en dan moest oma zeggen: 'doe uit dat ding
naar de stomerij ermee, zo kan het niet langer'

als opa mij naar bed bracht liet ik hem niet gaan
kwam-ie naast me liggen,
de krant lezend tot ik sliep
hij had een horloge met een metalen rekband
daar wurmde ik mijn vingertjes onder
als-ie weggaat, dacht ik, word ik wakker

op vrijdag de dertiende werd-ie gecremeerd
vanaf die dag ging ik sigaren roken
om zijn lucht vast te houden
‘oma, ik ga een sigaar opsteken, een bolknak,
dan ruikt het huis naar opa’

oma schonk mij dat vest
als ik eraan rook was hij er weer
zo riep ik opa op en haalde hem terug
ik bewaarde het vest in een plastic tas
van de stomerij, eentje met ritssluiting
dat werd mijn grootste zorg:
hoe hou ik die lucht zo lang mogelijk vast

heel af en toe, superzuinig, trok ik het vest aan
  nu mag het even
dan was het alsof opa mij omhelsde
lijfelijk stond hij in de kamer, in volle glorie,
en sloeg zijn armen om me heen
ik kon hem vasthouden

desondanks, op een dag was de lucht eruit
pas toen, anderhalf jaar later,
was opa dood
en heb ik het vest teruggegeven

2003
'als jij vóór mij komt te overlijden,' zei ze
op een avond, 'dan wil ik dat mijn kist na mijn dood
boven op de jouwe wordt gezet'

'kijk eens aan,' zei ik
'zodat we,' vervolgde ze, 'ook in de dood
onafscheidelijk zijn'
'nou,' zei ik, 'dat valt te regelen, lijkt me'

2016

op een ochtend keek ik uit het raam
naar mijn nieuwe auto die ik een dag eerder
bij de dealer had opgehaald
'moet je zien,' zei ik en wees naar buiten
'ja, hij is mooi,' zei ze, 'heel mooi, je auto;
en dat heb je vandaag al vijf keer gezegd'
'het kan niet genoeg herhaald worden,' zei ik

'iets anders,' zei ze,
'ik heb er nog eens over nagedacht
maar als ik na jou kom te overlijden
wil ik gecremeerd worden'
'o?' zei ik
'en dat de urn,' zei ze, 'dan wordt bijgezet
in jouw graf, op jouw kist
dan blijven we toch een beetje bij elkaar'
de kinderen speelden in een hoek van de andere kamer
en hielden zich opvallend stil

2024

'als ik pas na jou kom te overlijden,' zei ze,
'dan wil ik worden gecremeerd'
'zoiets had ik van je begrepen,' zei ik
'en mijn as,' vervolgde ze
'ja, je as? wat wil je daarmee?'
'mijn as moet worden uitgestrooid op zee'
'op zee?' zei ik, 'daar hoor ik van op
ik dacht van je te hebben begrepen dat...'
'daar ben ik op teruggekomen
uitgestrooid, op volle zee'
'dus we komen niet bij elkaar te liggen?'
ze zei niets: ze was met haar nagels in de weer
die waren nog niet naar volle tevredenheid gelakt

‘goed, dat is fijn om te weten,’ zei ik
‘ik zal zien wat ik eraan kan doen’
het bleef stil; haar nagels
eisten al haar aandacht op
‘je bent nota bene gisteren,’ zei ik,
‘naar de nagelstudio geweest’
dat kon wel zo zijn, zei ze,
maar toch was ze er nog niet tevreden over
ik besloot om dit heikele punt
te laten voor wat het was, nagels

‘om terug te komen
op waar we het over hadden,’ zei ik,
‘dus je wil ook niet een klein beetje as,
in een vaasje...?’
‘op zee,’ herhaalde ze, ‘uitgestrooid
kun je dat onthouden? niet vergeten, hè?
op zee,
            uitgestrooid’

OP DE EERBEEKSE HEIDE

we zaten aan tafel op het terras
van ons vakantiehuis-voor-één-week
happy hour; maar de fles was nog niet aangesproken
vanuit de tuin voerde een pad, overeenkomstig
de belofte uit de brochure,
rechtstreeks de natuur in

de kinderen speelden ruzieloos
pauline bouwde verder aan een boomhut
opzij van het bospad
groeven victor en saskia een kuil;
voor wie was onduidelijk
de aarde draaide als gewoonlijk
geruisloos om haar as

het egelmeer dat ook tot 'ons' terrein behoorde
lag er verkreukeld bij;
toch stond er geen zuchtje wind
rianne, mijn vrouw, praatte druk in haar mobieltje
daar moest ik haar toch eens naar vragen
kort daarop verdween ze
zonder iets te zeggen naar binnen

even later komt victor aangesloft
en schenkt zichzelf limonade in
saskia graaft verder; die mist haar broertje niet
bij het grondig uitdiepen van de kuil
op de klok in de buitenkeuken
is het vier voor half zes

'pap?' zegt victor, 'moet je kijken!'
boven de bosrand
is een donkergrijs voorwerp verschenen,
onverlicht en ovaal van vorm,
dat met afnemende vaart dichterbij komt
en dan stil hangt in de lucht
victor zet zijn limonadebeker neer
het toestel daalt iets, tot zo'n honderdvijftig meter
boven de boomtoppen bij de zandafgraving

de schemering zet overhaast in en ontneemt me zo
het zicht op kenmerkende details van het object
dan stijgt het toestel tot zijn naderingshoogte
en schommelt lichtjes
er zijn al met al krap twee minuten verstreken,
als het toestel verticaal omhoogklimt
zonder te slingeren of te zwalken, en verdwijnt

'pap, wat was dát?'
victor kijkt me met grote ogen aan
moet ik van het voorval melding maken
bij de bevoegde instanties of autoriteiten?

'pap, wat wás dat?'
'dat?' zeg ik, 'o, dat was niks, jong'
ik kijk mijn zoontje aan, die in me gelooft
'vic, dat was niks'

vic nipt voorzichtig van zijn limonade
dan komt rianne geagiteerd naar buiten
‘ik begrijp er niets van!’
ze houdt haar mobiel omhoog
‘ik ben in gesprek, hoor ik opeens
een oorverdovend geruis
en vervolgens doet-ie niks meer
morsdood is-ie, begrijp jij zoiets?
dat ding is gloednieuw, ik heb ’m pas
anderhalve week geleden gekocht’

ik kijk naar mijn zoon
met zijn trillende limonadeglas
wat gaat victor doen?

op een dinsdagochtend,
vroeg, het was kort na zevenen
(we stonden ergens halverwege de gang,
handvol ontbijtspullen,
en waren blijven steken in het elkaar passeren –
de kinderen zaten aangekleed aan tafel
in afwachting van wat komen ging)
toen mijn vrouw me vertelde
dat zij verliefd was op een ander, en hij op haar
en dat al een knappe poos
(kort daarna vertrok zij naar haar werk
ik hoorde het buitenverkeer,
de auto's en de bussen –
maar helaas geen sirenes)
tóen dacht ik:

misschien moest ik eens een blokje om
en mezelf zo in de gelegenheid stellen
om een aantal honden te ontmoeten
en hun bazinnen
aan de andere kant van de riem, misschien

ZOETWATERMATROOS

op een dag word je wakker en lach je om de zee
met zijn eb en vloed
en de eeuwigdurende deining
die alom als een verdienste hoog geprezen wordt

ooit hield je de zon in je hand
en had je de maan in je broekzak zitten
de wind fluisterde je naam
en de meeuwen gehoorzaamden je:
je hoefde maar een hand te heffen
of ze vlogen een straatje om
twee straatjes desnoods

maar de meeuwen verkasten,
vonden elders werk, kost en inwoning
en nu sta je in een lege straat
tussen de lege huizen
in een zo goed als lege stad

de aarde verkruimelde waar-je-bij-stond
de zon kan er elk moment de brui aan geven
en de maan oogt ook al niet erg okselfris

je denkt aan je kinderen die een voor een afreisden
de jongste naar nieuw-zeeland
alsof er daar meer te halen viel dan in zeeland
en je kijkt hun lege kamers in: een uitgewoond nest
dat wacht op onttakeling
en de komst van de verhuizers

en je staart naar het deels onbeslapen
  tweepersoonsbed
want je vrouw is ervandoor
die houdt het met een ander, een tijdje al
en geef haar eens ongelijk

blijft er één zekerheidje over:
op een dag word je wakker en lach je om de zee –
op een dag lach je om de zee
met zijn scheepswrakken
een booreiland-op-drift
een roestige mammoettanker
en zes kotters en een trawler
die een vloot moeten verbeelden

ook al is het uitgerekend de zee
die straks het laatste lacht

KOUWE DRUKTE

het was novemberstil boven me
en ik duwde mijn steen opzij
hoewel het om tientallen kilo's ging
vormde het gewicht geen enkel probleem

onwennig zette ik de eerste stappen
maar al snel hervond ik mijn zelfvertrouwen
ik kon gaan en staan waar ik wilde
de bomen rilden en zagen er broodmager uit

ik liep de kerkhofpoort uit, langs de bloemenstal,
stak de straat over via de tramhalte,
baadde een tel in etalagelicht
en glipte een schamel verlichte zijstraat in
het was ver na middernacht;
er was geen hond op straat

ik pakte mijn mobiel
die ik in de kist had meegekregen;
een geste van kim, mijn jongste dochter
‘mam, met dat ding was je drukker in de weer
dan met papa’
ik wilde tegensputteren, maar kim was me voor
‘dan kan ik je nog een week-of-wat bellen,
mam, zolang-ie het doet
en heb ik het idee dat je toch nog bij me bent’

na enig aandringen werd er slaperig aangenomen
ik hoorde de mij o zo vertrouwde mannenstem
‘hallo, met wie spreek ik?
ben jij dat, jennifer?’

ik verbrak de verbinding
zonder een woord te hebben geuit,
wandelde op mijn gemak
terug naar mijn verblijfplaats
en sloot het luik
heel even zijn stem te horen was genoeg –
daar kon ik een poos op teren

TOEN GENERAAL FIASCO HET SLAGVELD OVERZAG

op een zondagochtend posteerde generaal fiasco
zich voor zijn zitkamerraam, op elfhoog
en keek uit over de stad –
de kamer achter hem stond overweldigend leeg

zijn blik dwaalde even af
naar de straat beneden hem
daar was niet bijster veel aan de hand
op dit vroege uur
een auto vertrok, en een andere auto
kwam er juist aan
eentje die wilde parkeren
en verderop liet iemand zijn hond uit;
maar toen kreeg hij de daken van de stad
opnieuw in het vizier, en de torenflats

een boom, wat wolken erboven
en een straat met auto's –
veel meer heb je eigenlijk niet nodig, meende
generaal fiasco, de balans opmakend

hij had een lange weg afgelegd:
van een lage officiersrang
naar de top van de defensiestaf
was diverse malen gepromoveerd en overgeplaatst
had in new york gezeten
en jarenlang de nederlandse
belangen in brussel gediend, bij de navo;
jaren die hem zijn huwelijk hadden gekost
en een deel van zijn gezondheid

en niet alleen zijn huwelijk –
ook zijn twee dochters zag hij nauwelijks nog
en daarmee ook zijn vijf kleinkinderen niet

een boom, wat wolken erboven
en een straat met auto's:
ja, dat is het wel zo ongeveer, meende de generaal
die nu anderhalf jaar van zijn pensioen genoot
en sinds zijn brusselse jaren een verstokt roker was –
een boom, wat wolken erboven
en een straat met auto's:
veel meer had je niet nodig

afgezien van je sigaretten dan

BLACK CADILLAC

de bel ging, de voordeur week,
ik hoorde voetstappen naderen
kort daarop werd ik behoedzaam opgetild
en naar buiten gedragen
het huis liet me uit; ik had het nakijken

misschien was het een dag als alle andere,
best mogelijk,
maar dat gold dan niet voor mij
soepel werd ik achter in de laadruimte geschoven
vervolgens viel de vijfde deur stijfjes in het slot
de straatlantarens brandden niet:
de dag was nog niet gedaan
een stadsbus kwam voorbij; de lopende zaken liepen

ik lag languit op mijn rug, gevloerd;
maar geveld was ik allerminst
al maakte ik niet langer deel uit
van het reguliere hier en nu
ik dacht dat het vrijdag was
maar voor hetzelfde geld kon het zaterdag zijn
zondag lag minder voor de hand
dan zou het stiller op straat zijn geweest
en had een klok geluid: zondag was een eitje

ik voelde wat lichte schokken,
maar een groningse aardbeving leek het niet,
en we zetten ons in beweging
van de blauwe lucht bladderde her en der
   het blauw af;
het uitspansel was toe aan een lik verf
maar vooralsnog vielen er geen gaten
in de lucht: de hemel hield

we reden door den haag
langs de mij vertrouwde plekken
(de trams sponnen een web boven de stad)
en koersten via de scheveningseweg
op scheveningen aan
ik zag de zee, en de zee zag mij
maar de zee wenste niet te worden gestoord
en had het te druk om me gedag te zeggen:
het water werkte zich om de vissen heen
bovendien moest de zee nogal wat schepen
op sleeptouw nemen,
iets wat ze nog eeuwenlang zou moeten doen:
met pensioen gaan zat er voor de noordzee niet in
niet getreurd:
een stel meeuwen nam de honneurs waar
en zwaaide me uit

voor de tweede keer vandaag
trok den haag aan me voorbij
ten slotte stopten we op een voorplein,
aan het begin van een grind- of schelpenpad
de laadklep van de cadillac ging omhoog;
de ruimte werd ontsloten
daarop werd ik verschoven, het daglicht in getild
en door bekwame handen op de schouders genomen
de hengsels blikkerden in de late middagzon
mijn gezin zag ik in de gauwigheid niet,
maar de gezinsleden waren ongetwijfeld van de partij
het grind knarsetandde
we begonnen aan de laatste ronde

een verkeersvliegtuig liet van zich horen
en de maan was blijven hangen,
die had weer eens weinig omhanden
niet dat ik er veel mee opschoot, dat niet
maar hun belangstelling viel te prijzen
de wind schopte balorig van alles voor zich uit: zand,
stof, stadsvuil, de wikkel van een candybar

toen zag ik tussen de lage boomtakken door
  mijn lief
ik had zo opnieuw verliefd kunnen worden
ik hield haar hand vast
en zou die blijvend vasthouden
ook als er geen hand meer over was
en er niets vast te houden viel:
wat achter ons lag, lag achter ons

uren later stond mijn kuil nog altijd open
het dichtscheppen had geen haast
en kon tot morgen wachten
het licht nam af, de zon bond in
de dag ging op huis aan en het resterende grijs
trok zich terug tussen de populieren

dwars door het nu massaal loslatende blauw heen
kwam het zwart me tegemoet, heelalzwart,
en omarmde ons land
van de wadden tot de laars van limburg, and beyond
met een beetje geluk verscheen straks de poolster;
zolang ik die in het vizier hield
zou ik bij benadering weten waar ik was en,
wie weet,
enige notie krijgen van de te volgen koers

het werd tijd om op te staan
ik schoof het deksel opzij
en ontdeed me van mijn houten jas
er waaide een prairiewind die geen grasspriet, struik
of boomblad beroerde
en me met geen vinger aanraakte,
maar die me voorging op de ingeslagen weg
en ik volgde de wind
tot ver buiten de bebouwde kom,
over platteland en door dalen en valleien,
voorbij het eindstation van de nachttrein,
aan de voet
van een mij onbekend gebergte

ik bleef in het spoor van de wind,
die langs het kruispunt
van de vier windstreken voerde,
aan de witte plekken op de kaart voorbij;
en ik wist dat ik deze weg had af te leggen
en zou blijven volgen
wat het pad ook brengen of behelzen mocht

‘Metaalmoeheid’ en ‘Black Cadillac’ verschijnen hier voor het eerst. Alle andere gedichten werden voor deze uitgave herschreven.